ABUJA NA KPANGBA

And other poems in Naija Pidgin

ERIATA ORIBHABOR

IFRA – Ibadan
University of Ibadan P.O. Box 21540
Ibadan, Oyo State, Nigeria

IFRA – Zaria
P.O. Box 217
Samaru, Zaria
Kaduna State, Nigeria

Director: director@ifra-nigeria.org
Secretary: admin@ifra-nigeria.org
Website: www.ifra-nigeria.org

Updated/Reprinted 2021
Something for Everybody Ventures
55, Basheer Augusto Street, Surulere, Lagos, Nigeria
Website: www.naijapidginworldwide.com

TABLE OF CONTENTS

Abuja Na Heaven, Na Kpangba	1
Garri No Be Eba	5
Open Your Thirty	6
I Arrange	7
Ikoro Plenty	8
Wetin Concern China?	10
Mek Something No Do You	12
Na For House You Swim?	14
I Get Sista	16
Four Fourty	17
We No See	18
Something Deh	19
Which Nation You Be?	20
Life Na Janglova	21
If Love No Be Love	22
Hold Your Side	23
My Book	25
All Join	26
Mumu Don Sidon	29
Give Me Yesterday	31
Which Lander Brother?	32
Shine Your Eye	33
Poem Wetin?	34
Homa Dey Hammer	36
Everybody Get Im Tear	38
Life No Be Panyan	40
Consultant Versus Professor	41

Tomorrow Go Come 42

Dollar No Be Everything 43

Wetin Dem No Du? 45

Better Pass Good 45

If E Get As E Be 46

We Still Deh 47

Dis Night 49

Na Boundary We Dey Cross 50

Mind Your Mouth 51

Mango For Road 52

We Dey Work 53

Akwete Na Dance 54

Better Pikin 55

Think Am Again 56

Experience Slap Age 57

Okrika Na Disease 58

Give Me Kpekere 60

Banza 61

Eat And Go 62

My Passport 63

Red Light Na Another 65

My Mama Soup 67

Dis Wedding Ring 68

Naija Journey 69

EDITOR MESSAGE

Abuja Na Kpangba and other poems na di first collection of poems for Pidgin wey anybody go write since 1982 wen Frank Aig-Imoukhuede first publish im poetry book for pidgin wey dem dey call Pidgin Stew and Sufferhead. Di first time Oribhabor bin publish dis poems na for Naija languej spelling system wey Naija langwej Akademi (NLA) bin dey try to put together. But as the spelling no work well, dis edition of dis book na for Naija Pidgin wey everybody go fit connect with easily. Dis book of poems na major work because, e contain fifty one diffren poems wey concern we all for Nigeria.

For dis book, Oribhabor give powerful message about how Nigeria and im pipul dey waka. Di poems carry diffren level of how things dey happen since dem born am for im country. Since pikin no fit tok sey im mama no be im mama again, sek of sey e worwor, na so Oribhabor dey want mek we know Naija Pidgin and see ourselves as ambassadors of di language. E want mek we know sey, as life get sweet part for Naija, na so e get tough part. E want mek we feel di wey Naija pipul heart dey beat and di kind of change wey dey happen everyday.

Whether you tall or shot, whether you fat or slim, whether you get money or no get money, dis book na for everybody. You go learn plenty lesson and get suplus sense on how to tek succeed for Naija. Na everybody book for everybody.

Divid Esizimetor
Benin-City, Nigeria
October, 2009.

Abuja Na kpangba

Abuja correct!
na place wey get
bam bam house
better better road
wey carry plan
but once you come here,
na difren-difren things
go just dey throway
for your mind

Abuja na place!
Wen you land,
you go dey wonder weather
na Naija you deh…
you go dey look ayanyan[1]
you go *dey halla* like sey
you *wan kolo*[2]
you go sey;
"abi no be Naija be dis?"
"abi na obodo oyibo be dis?"

Abuja *deh!*
Na place you *suppose deh*[3]
NEPA dey work
Wota dey flow
Pipul dey flow
Things dey happen
Nothing dey happen
Somethings dey happen
Things dey run

Abuja na correct!
na place you *suppose deh…*
just come
shine you eye
start anyhow
drop shoulder
take am jeje[4]
start for centre
begin for corner

Abuja na bam place!
na place you *suppose deh*
pipul jabrata[5] for corner
join dem for corner

run things for corner
waka come centre
hama[6] for corner
come for centre
na you sabi your tori

Abuja! Dis Abuja!
na place for all
na place you suppose deh
night crawlers na king
kudi deh for ground
find am as you fit
jankoliko sabi dia level[7]
night market dey grow
bobi scatter for ground
di price don melt down

Abuja na forall!
na placeyou suppose deh
hold your title
pocket whereyou land from
hold our together
fly as you sabi
rent as your power carry
wota no go pass garri
you go stay with all

Abuja na place!
Fight no deh for dis place
na di placeyou suppose deh
garding na sansan
pipul dey scatter life
tire no deh dia dictionary
car park na competition
like sey na stadium
like seye dey happen
party na everyday

Abuja na di place!
na di very place
e deh kamkpe[8] no be lie
na di placeyou suppose deh
na true tok be dis
di set up bam
na place for all
na ogbonge city
di centre set
di corner dey cry

Abuja na heaven[9]
Abuja na kpangba[10]

Small tok/talk

1. look confused, askance
2. as if you are going crazy/mad
3. it's a place to be
4. take it easy
5. lots of people
6. make it big at the fringes
7. theieves know their limits/bounds
8. it's in order/okay
9. Abuja is home/heaven
10. Abuja is hell

Garri no be Eba

Wen *garri pass wota*[1]
Garri go pass wota
Wetin you go see?
Garri do garri

Wen wota pass garri
Wota don pass garri
Wetin you go sey
Wota don wota

Wen cold wota blend
with garri, *na another level.*[2]
Wetin you go get?
Na soakis[3]

Wen hot wota blend
With garri, na new level.
Wetin you go get?
Na eba[4]

Garri na garri
Wota na wota

Soakis na soakis
Wetin dey?

Garri no be eba!

---

1. *when quantity of garri is excess of water*
2. *once there is garri, it's something else*
3. *it's a perfect mix of garri in cold water*
4. *it's garri, mixed in hot water*

Open your thirty-two

Bad belle na wota[1]
Bad bellus don boku[2]
Wetin man go do?
Just arrange[3]

Bad belle don tey
Bad bellus no gree
Nothing dey happen
Just shine your eye

Bad belle don tey
Bad bellus don gather ground
Di ground don ground
Papa God dey see

Bad belle don get belle
Bad bellus dey hear am
Fawo yansh don open[4]
Man pikinopen thirty-two

---

bad belle na wota[1]**:** *envy/jealousy was rife*
bad bellus don boku[2]**:** envy has become the in thing
just arrange[3]**:** *be organized, get ready*
fawo yansh don open[4]*: secret has been let out/opened*

I arrange

I gather height[1]
For dat holiday
Height gather height
I far from ground

I fly
I no believe
Inside inside up[2]
I no see ground

I hear hot
for dat last fire
from *fry pan*[3] to fire
I bone di fire

I gather
I learn
I gather pepper[4]
I fly

I dey kankpe
I arrange[5]
I see pepper, I sabi
I arrange

Smol tok/talk

---

1. gained height
2. deep in the skies
3. acquired much money
4. just okay

Ikoro plenty

For plenty ikoro[1]
Di opposite surplus
Dem no want light
Dem like corner-corner
Dia eye pass torch
Dem dey wait for mugu[2]

dem no send
dem adjust
dia body, dia tight
to tight di tight
put body for outside
run for police torch

dem kom jabrata[3]
to flenjor[4]
only for night
dia heart na stone
dem bone AIDS

dia style na regular
only for night
to double dia runs
risky dia all and all[5]
swim for wahala

dem dey form paddy[6]
just yeye, just yeye
like sey e bam
organise without fear

and *pipul dey bank for bear-bear*[7]
dey throway tumorow
dey risky dia all and all

Small tok/talk

---

for plenty ikoro[1]*: in several hide outs*
dem dey wait for mugu[2]*: they wait for victims*
dem kom jabrata[3]: they come in large numbers
to flenjor[4]*: to have fun, enjoy*
risky dia all and all[5]: take high risk
dem dey form paddy[6]: they pretend to be friends

Wetin Concern China?

Dem sey dem go China
na dem go dey front
na dem go dey back
na dem go dey centre
we no gree

Dem sey dem get passport
Dem sey dem sabi pass
Dem sey dem dey sokpa[1]
Dem must enter everywhere
We no gree

We sidon, we check am
China no near us before
We try pass dem before
We togeda[2] pass dem before
Dem no gree

We stand, we check am
We love pass dem
Our togeda dey last
We pass dem for hamma[3]
Dem no argue

China no go spoil us
Wetin concern us with Tianshi?[4]
Wetin do Monkey Tail
We go drink agbo[5]
Our mama no argue.

Small tok/talk

---

dem sey dem dey sokpa[1]*: they said they were suffering*
we togeda[2]**:** *our unity, unitedness*
we pass dem for hamma[3]*: we are sexually better off (in comparism with 'them')*
wetin concern us with Tianshi?[4]: what's our business with foreign herbal mixes like Tianshi? (Chineses product)
we go drink agbo[5]***:*** *we will stick to drinking our traditional herbal mixes*

Mek something no do you

Sometimes, my head
Go dey run round like sey
Dem give am dog injection
E go go here, go there
Go yonda, go dis wey
Just to get something

Sometime, my mind
Go do gbam like sey
Heaven wan fall, like sey
No be part of me
E go look here, look there
Look yonda, look dis way
Just to get something.

As my head dey waka
Na so my mind dey swim
As my head dey boil
Na so my mind dey scarter
As my leg dey dance
Na so my hand dey shake

For dis *bonswe*[1]
My head dey yan
My mind dey yan

For one and one
Whether or whether[2]
Something go get something

Smol tok/talk

---

bonswe: a highlife dance style of wobbly legs inspired by the
Ghanian high-life song, "Bonsoe" done by Joe Mensah, whose
music was popular in Nigeria in the 1970s.

for dis *bonswe*[1]: in this happy mood…
***whether or whether*[2]:** *no matter what*

Na for house you swim?

We do am
For san-san[1]
Baff for san-san
Swim for damba-damba[2]
Catch ogoro[3], cook ferry food[4]
Play, jump and laugh

We throway oursef
Like dog, do as we like
Run with *dros*[5], baf outside
Throway gbongbolos[6] for outside
Dance inside rain

We be toad[7]
We no send, we no hear
We sabi pass everybody
Our strong-head na helele[8]
Dem flog animal for our head[9]

Today, we dey do oursef ohonyin[10]
Na we dey beg,
Mek dem no enter damba-damba[11]
Mek dem no dance for san-san[12]
We no fit flog dem like those days

We dey yan dem sey
Ogoro dey give okpolo[13]
Damba-damba dey dash okirikpotor[14]
Ojuju dey catch for rain[15]
Dem must swim for house.

For san-san[1]: on sandy ground
Swim for damba-damba[2]: swim in ponds
Catch ogoro[3]: catch frogs
Cook ferry food[4]: cook play foods
Run with *dros*[5]: *run around in panties*
Throway gbongbolos[6]: naked
We be toad[7]: *we were neophytes*
Our strong-head na helele[8]: we were stubborn
Dem flog animal for our head[9]: terribly flogged
Today, we dey do oursef ohonyin[10]: today, we laugh at ourselves
Mek dem no enter damba-damba[11]: kids shouldn't get close to ponds
Mek dem no dance for san-san[12]: kids shouldn't play on sandy grounds
Ogoro dey give okpolo[13]: Frogs could make one have big eyeballs
Damba-damba dey dash okirikpotor[14]: one could catch ring worms playing in ponds
Ojuju dey catch for rain[15]: Masqurades await any who plays in the rain

I get Sista[1]

No be boy be di thing
Na girl mama want
But na boy.

Boy don full ground
No be boy e dey talk
But girl dey run.

Mama want balance
Na girl no gree
And so, na boy

Mama no hide am
E talk am, e yan am
But na boy

Mama wan give me sister
And I need am
E no kom

Mama surrender
I stand up
I gather sista

Four-forty

We hear gbam[1]!
E kom gbam
E enter tua-tua[2]
We shine ear[3]

We open eye
We shine ear
No be dream

E enter tata-tata[4]
Like sey e far
Like sey na backyard
We scater kom outside

I hear fiam[5]
My mouth open
We hear fiam-fiam
Our mouth dey ground[6]

Something fly pass our zink
Tata tata na wota
Some fit hit man-pikin
Na im be four-forty[7]

Small tok/talk

We hear gbam[1]: we heard a loud noise
E enter tua-tua[2]: it came in sporadically
We shine ear[3]: we became very attentive
E enter tata-tata[4]: it came rattling
I hear fiam[5]: I head it fast (fiam)
Our mouth dey ground[6]: we were dazed
Na im be four-forty[7]: we ran out

We no see

We hear
Na hear we hear
Na so we hear
Wetin we no hear?

Dem talk
Na so dem talk
Na so dem dey talk
Wetin dem no talk

Dem sey
Na so dem sey
Dem sey, dem dey
Wetin dem no sey?

Wetin dem yan?
Wetin dem no yan?
Wetin dem sey?
Wetin dem no sey?

Na so dem go dey talk
Na so dem go dey sey
Na so we go dey look
But we no see.

Something deh

Give me my pipe
Life na nothing
I go smoke am
If na for nothing

Give me my green
Life na green
I go take am
If na forever green

My pipe na charcoal
My green na bitter goal
Show don change
Life better if e dey change

Throway pipe
Jump pass green
Dirty don wash
White don come

Give me fish
Give me grass
Give me life
Something deh for life

Which nation you be?

Papa pass soja
E gather us like egg
Hold us with iron
Wire us koboko[1]

Papa pass soja
E fire us with mouth
E talk with im eye
E join everything togeda

Papa no send
E hold us like egg
E hold tomorrow for hand
E bring am kom today

Papa na professor
E get school for house
E fire us with mouth
E wan hear our mouth

Papa pass soja
E gather us like girls
House no get girls
E no wan hear

Papa pass SSS[2]
Im eye dey shine wa-a[3]
Im question na wire
Which nation you be?

Smol tok/talk

---

1. a leather whip   2. officer, State Security Service (SSS)
3. see clearly, with eagle eyes

Life na janglover

Life na janglover[1]
E no get rival[2]
E get rival
Na janglover

Life na yeye
Na die, e no dey here
Na here, e no dey there
Na janglover

Life dey see
E no know who
E know all
Na janglover

Life na sugar
Na bitter leaf[3]
All join
Na janglover

Smol tok/talk

____

1. a swing
2. without comparison, unique, wonderful
3. a tropical bitter tasting vegetable used for cooking soups

If love no be love

If love na talk
Talk for talk love

Love no be talk
Love na love

If love na sey
Sey for sey love

If love na do[1]
Do for finish love

If love no be love
Love for get name berekete[2]

Smol tok/talk

---

1. if love is action
2. love would have name in numbers/ in abundance

Hold Your Side

Man-pikin run
No where man-pikin no run
Run go there, ron kom here
Ron no get wota

Some do am before
Some don dey inside
Something cause something
Something no new, even if na so

Dem sabi scarter ground
From ground dem be airoplane
From airoplane dem tek head waka
Dem sabi dis, dem sabi dat

We bin fear, kom dry like bonga[1]
Our eye na shower
We run like sey we no get place
We no think for tomorrow pikin

Eyaaa! *Omomo just kpai*[2]
Mama eye don si Oba[3]
Papa head don scater dada[4]
Mama kolo throway wrapper[5]

Kai! Dis don pass becareful
Dis no be our place?
Run go where?
We must hold our side

---

we bin fear, kom dry like bonga[1]:
we were scared to the bones/became lean out of fear…
Omomo just kpai[2]: a baby just passed on
Mama eye don si Oba[3]: mama saw hell
Papa head don scater dada[4]: papa was mad at entire development
of things
Mama kolo throway wrapper[5]: mama went mad

My Book

You don see my book?
You dey eye my book?
You kom book my book?
You wan take my book?

My book na all
My all na my all
Your eye deh my all
You wan take my all?

I no miss my level
I don jam my level
Because you no take my all
My all na my book.

All Join

Everybody get im own
I get my own, you get your own
Kraw-kraw deh for face[1]
Okirikpoto deh for yansh[2]
Na di one we see we go talk

Lagos bam, na excellent
But yeye dey smell
Yama-yama dey do im own[3]
Dirty dey fight government
Government dey try im own
Rofo-rofo fight dey fly everywhere[4]

Abuja dey do shakara[5]
Na centre for all, na centre for beauty
We dey struggle to stay
Demolishon na wota
Pipul dey come, dirty dey come
Candle na light, yama-yama sidon

Everybody get im own
We dey box Boko[6]for Bauchi
We dey head am for Maiduguri
We dey stone am for kano
Like sey we no know sey
Dem deh since Imo river[7]

Everybody get im own
Kaduna catch fire, born like fire wood
We run like mad, we delete[8] like san-san
Kaduna don correct, God no come down
Na we di pipul, na so we see am
Na Makarfi magic[9]

Kiti na kati[10]
Kiti-kati na Ben Johnson[11]
Kati-kiti throway kata for kparakpo[12]
Amala politics don yeye kparakpo
Kparakpo na culture for mouth
E don go holiday.

Everybody get im own
Hospitality don travel for Jos
Outsiders and insiders dey do oshobe[13]
Outsiders sabi ground
Insiders dey hold ground
Irish potato no reduce
Insiders and outsiders dey farm together

Dey sell togedaNaija Delta na oil, oil na money
Supoz be for all
Outsiders dey play insiders ojoro
Insiders dey play insiders ojoro
Insiders throway dia head
Kidnapping jump come

Everybody get im own
Taraba dey jump up and down
Junkun dey hamma Kuteb
Kuteb dey hamma Junkun
But dem be brother wey dey fight demsef
Outsiders dey put fire
Tire no enter dictionary
Sansan berekete for dia garri

Everybody get im own
big language dey swallow small language
Oga no let *boiboi* drink wota drop cup
We dey call God for mouth, Imsef dey laff
Wen we go sidon yan with open belle
We all join for dis matter.

---

kraw-kraw deh for face[1]: rashes are on the face
okirikpoto deh for yansh[2]: ring worm on the buttocks
yama-yama dey do im own[3]: nonsense things abound
rofo-rofo fight dey fly everywhere[4]: confusion is everywhere
Abuja dey do shakara[5]: Abuja is the bride of all
we dey box Boko[6]: we are fighting book Haram
dem deh since Imo river[7]: they have been around
we run like mad, we delete[8] **like san-san**: we go mad, we die in numbers
na Makarfi magic[9]: it was the hand work of Makarfi (former governor of Kaduna state)
kiti na kati[10]: trouble is trouble
kiti-kati na Ben Johnson[11]: trouble says, one should be on the run
kati-kiti throway kata for kparakpo[12]: while running, one forgets himself/herself
outsiders and insiders dey do oshobe[13]: indigenes and non indigenes are after one another

Mumu Don Siddon

Mumu no be better name[1]
We dey see am everywhere
We dey eat and drink with am
Kuku[2] sef baff with am

Mumu wear fezcap
E wear oninigogoro[3]
Knack satellite dish
But shakara no fit am
Even though dem knack teeth with am
Even though dem throway wrapper for am
We dey look ayanyan[4]

Mumu dey hold ground[5]
For our korokoro[6]
Dey do godfather
We see am swallow spit[7]
Matter dey waka well
Mumu don be oga

Mumu na mumu
E don get godfather
E don get godson
Dem dey touch as dem like
Ghana-Must-Go na san-san[8]

Na so we see am
Na so e dey go
Mumu to mumu
From nothing to nothing
Wota dey flow under bridge
Ogoro must jump[9]
Dem dey take light
For Assorted Rock

---

mumu no be better name[1]: Being Stupid is not a good name
kuku[2] **sef baff with am:** just bathe in it
e wear oninigogoro[3]: adorns a head gear
we dey look ayanyan[4]: we were dazed
mumu dey hold ground[5]: the stupid is not letting go/holding on
for our korokoro[6]: before our very eyes
we see am swallow spit[7]: we are persevering
Ghana-Must-Go na san-san[8]: bags of money is a common thing
ogoro must jump[9]: the thief would always be one

Give Me Yesterday

As ground scarter
Something deh ground
Wey dey scarter ground
Mek we put eye for ground[1]

I don hear pepper[2]
Pepper[3] no dey like before
Before-before na life
Life dey do reverse

Dem give me work
Dem follow am with four-leg[4]
Four-leg na wota[5]
My eye don hear oba[6]
My hand dey find four-leg

Put everything for reverse
Give me work, give me four-leg
Give me work, give me house
All of us must join leg

Mek we put eye for ground[1]: let's be watchful
I don hear pepper[2]: I have seen tough times
Pepper[3] no dey like before: money is not easy to come by unlike in days past
Dem follow am with four-leg[4]: a car was an accompaniment
Four-leg na wota[5]: cars were many/never an issue
My eye don hear oba[6]: I have seen tough times

Which Landa Broda?

Abuja don tey
Gbagyi don deh
Before Abuja kom deh
Na so e be

Naija don tey[1]
Our pipul don deh
Before Naija kom deh
Na so e be

Bush na house
House plenty for desert
Bush dey give us wackis[2]
Desert na everything
Na so e be

Niger Delta na mangrove
Mangrove dey give us *money*
Wackis plenty for river
Na so e be

Na so we deh
Dem sey na Landa Broda
Dat na white lie
Which Landa broda?

Naija don tey[1]: Nigeria is an old country
bush dey give us wackis[2]: Forests were wealth

Shine Your Eye

As time dey waka
Like sey no be im dey waka
We dey look like sey
Eye don mumu for time waka

As time dey climb time
Like sey e borrow leg[1]
We dey look like sey
Our mind travel

Time dey do ko-ko-ko[2]
Dey look us, we dey open thirty-two[3]
Eye see pepper, leg adjust
Like sey day just break

Time get im power
E no get gra-gra[4]
Mind don travel come[5]
Time don waka

Shine your eye, see time
Open your ear, time dey see you
Borrow leg, use number six[6]
Time don give you power

---

like sey e borrow leg[1]: as if it ran/runs fast
time dey do ko-ko-ko[2]: time knocks
we dey open thirty-two[3]: we are lax
e no get gra-gra[4]: time bids time
mind don travel come[5]: back to senses
borrow leg, use number six[6]: be smart, be wise, use your head

Poem Wetin?

I dey write poem, I dey write poem
My poem dey born plenty poem
I dey swim for damba-damba poem
I don enter plenty-plenty poem
E dey sweet me like di last poem

Poem wetin?
Na food?

I dey write poem, I dey write poem
My head don scarter
Like sey I wan kolo
I no wan hear
Sek of sey I dey scarter paper

Poem wetin?
Komot mek I see road!

I dey write poem, I dey write poem
I dey lay, I dey write[1]
I dey waka, I dey write
For everywhere, I dey write
Wetin enter, I dey write

Poem wetin?
Na food?

I dey write poem, I dey write poem
My coconut dey full throway with poem[2]
E dey throway like sey everything na poem
My other name na poem
My mind no shake

Dat na big bobo!
Body go phone you.

I go write poem, I go write poem
Na ogbonge thing be dat
Na for pipul wey get liver
Na for pipul wey dia head dey torch[3]
My mind na Zuma Rock[4]

Zuma Rock still dey cry.
Puem na food?

I dey write poem, I dey write poem
My head dey catch up, my ink dey flow
I don dey run things like no-man-business
Give me small time
I go flow like Wole Soyinka

I dey lay, I dey write[1]: while asleep, I write
My coconut dey full throway with poem[2]: my head overflows with
poetry
Na for pipul wey dia head dey torch[3]: it's for those who are
intellectually smart
My mind na Zuma Rock[4]: I am resolute/my mind is made up

Homma Dey Hamma

I waka my own
You waka your own
Do your own
I do my own
Where e pass enter?

We sabi before-before
Wen things no blend
But everything dey blend
Plenty things waka before
E kom pass enter

As homma don enter matter[1]
Bridge kom enter matter
Wota kom pass garri
Level don change language
Mouth dey drive okpata[2]

Pant no be dros[2]
Kpata na dros broda[3]
All dey do dia work
Everybody get im own
I beg hold your own

Your television no clear[4]
Like sey no be you
Your style don change
Because you don hamma
Like sey na you first hamma

Dis homma don throway hamma
Wey hamma bridge for our matter
You forget how we dey blend
How we dey cruise
Wen nothing nothing

---

as homma don enter matter[1]: now that a car has been bought…
mouth dey drive okpata[2]: mouth drives rough
kpata na dros broda[3]: ladies' panties are like that of men (boxers)
Your television no clear[4]: you don't appear straightward in your
dealing

Everybody Get Im Tear

I don waka everywhere
Follow up, follow down
Do dis, do dat
Hold my own, up and down
Just to collect my tear[1]

Shine your eye
See wetin pipul dey do
Follow as dem dey do
Up and down, put eye down
Dat na wetin life deh

I don enter bush kom out
Pursue ogoro, chop *ugba*[2]
Drink palmy, blow okporoko[3]
See place plenty scarter
Wey we never touch

You throway eye from your own
Put eye for another man own
Your own dey find driver
Sme-sme na your broda[4]
Your own dey wait you

Siddon-look na dog name
Cross your leg, fold your hand
See wetin you no sabi
Pipul dey run things
Your tear don fly

Life na ogbonge tear
Everybody get im tear
Tearyour own, I tear my own
Life dey wonder why we dey fight
Wen we no go fit tear am finish

---

just to collect my tear[1]: to secure my due
pursue ogoro, chop *ugba*[2]: *pursue frogs, ate ugba (tradional food made popular by the Igbos, Eastern Nigeria)*
drink palmy, blow okporoko[3]: drank palm wine, ate okporoko (stock fish)
sme-sme na your broda[4]: being sluggish is what you are known for

Life No Be Panya

Tori fit get wota
Tori fit get meat
If tori dey throway wota
E go find meat

Gather san-san
Gather stick for stick
Gather stone for stone
Pour dem for san-san

Chop as you like
Mess as you like
Moi-moi na for chop
Life na moi-moi

Tori must get meat
San-san no be for garri
No do as you like
Life no be panyan[1]

Life no be panyan[1]: living isn't all fun

Consultant Versus Professor

Wen I hear consultant
My head go big
Wen I hear professor
I sey na God

If age na number
Consultant na title
If consultant na title
Professor na title

Consultant get im own
Professor sabi im own
Consultant dey consult
Professor dey consult

You fit get your own
Wey you no sabi
Find your own, hold your own
Consultant dey find you

If you hold your side
Body go phone you
Your eye go tear[1], you go hold ground
Professor dey find you

Your eye go tear[1]: you will learn lessons

Tomorrow Go Come

Today na im we sabi
Today get im own
Tomorrow get im own

Today get face
Today get talk
Tomorrow get im own

Today na register
Today don set
Tomorrow get belle

Today fit help tomorrow
Tomorrow get imsef
Tomorrow go come

Gather today
See tomorrow
E don land for your hand

Dollar No Be Everything

Broda deh obodo-oyibo[1]
Sister deh yanki[2]
Ehen!

Uncle deh jand[3]
Aunty deh Italo[4]
Wetin be my own?

Mama don travel
Papa don try tire
E still deh

Christmas don sawa
Papa don change
Mama dey wear oyibo[5]

Naija dey change
Sister don return
Uncle dey plan

Broda don loss
Aunty no marry
Papa and mama don tear paper[6]

Broda deh obodo-oyibo[1]: brother lives abroad
Sister deh yanki[2]: *sister lives in the United States*
Uncle deh jand[3]: Uncle lives in Europe
Aunty deh Italo[4]: Aunty lives in Italy
Mama dey wear oyibo[5]: mama now wears European dresses
Papa and mama don tear paper[6]: mum and dad are now divorced

Wetin Dem No Do?

We do wetin we sabi;
Dem sey nothing we sabi.

We do wetin we fit do
Dem sey nothing we sabi du.

We try as we fit try;
Dem sey we no try.

We check am, we leave am;
Dem check am, dem enter am.

E no tey,
Fawo yansh open[1]

Fawo yansh open[1]: secret exposed

Better Pass Good

Something deh
Like sey
E get up and down
Like sey e deh all[1]

Something deh
Like sey e no deh
My liver weak
Like sey heaven wan fall

Something deh good
Like sey e better
E get sense reach good
Like sey nothing deh

Something good scarter[2]
Like sey everything scarter
Heart stay gidigba[3]
Wetin pass good don come

Like sey e deh all[1]: like it's everywhere
Something good scarter[2]: something gone awry
Heart stay gidigba[3]: unperturbed

If E Get As E Be

If matter pass word
We go find word
Tek match am

If matter get as e be
We go find as e be
Carry am as e be

If k-leg enter matter[1]
We go check am
Mek e no be bad market[2]

If matter come hun-hun-hun[3]
Ear go open for ground
Hun-hun-hun go hun[4]

Matter dey pass word
Matter dey be as e get
k-leg dey grow horn
We go drink ogoro.[5]

---

if k-leg enter matter[1]:if an impendiment ensues on any matter
mek e no be bad market[2]: may it no be a bad story
if matter come hun-hun-hun[3]: if issues become unsavoury
hun-hun-hun go hun[4]: *it becomes worse-off*

we go drink ogoro[5]: *we will drink the local palm wine*

We Still Deh

Na we be di bad pipul
Na we really spoil
Na we get stamp for face
Na we dem dey return pass
We deh

Na we be di bad pipul
Na we do wetin we no do
Na we drink wetin we no drink
Na we don be area scarter[1]
We deh

Na we be di yeye pipul
Na we be jankoliko
Na we carry wetin we no carry
Na we dey gbana[2]
Na we be NFA[3]
We deh

Na dem be di good pipul
Na we clear wetin we no clear
Na dem be holy-holy
Na dem curse drink pass[4]
Na hu better reach dem?
Na dem better pass

Na dem be di good pipul
Dem don change level
Dem don dey touch red wine
Dem sey e good for di heart
Dem dey dodge dey do
We still deh

Smol tok/talk

---

1. one whose perculiar attitude makes him/her popular within an
    area or vicinity
2. smoke or use Indian hemp
3. No Future Ambition, without plans for the future
4. an alcoholic, always given to drunkiness

Dis Night

Mind travel
Ceiling na looking glass
Sleep don waka
Na helele[1]

Ceiling dey laugh
Eye don turn red
Mind tire no be small
Sleep dey drag

Pillow hear am
Formno fit talk
Mind cut tire
Head dey ring

House dey turn
Like baba-chair
Tachere sleep waka come[2]
Day kom break

Smol tok/talk

---

1. rough
2. modicum, meagre, small

Na Boundary We Dey Cross

For life
Boundary boku
Na so e boku
E make am bam[1]

Wen life jam
Boundary go appear
Na so e go tanda[2]
E go wear cap

You cross one
Another go appear
Na so e go appear
Appear and disappear

E go waka
E go come
Na so e waka
E go waka, e gocome

E no dey finish

Mind Your Mouth

As we dey talk
E dey go, e dey come
Something no clear
Something deh register

Talk dey jam talk
E dey join talk
Wetin we no talk
E don enter talk

Talk na talk
Wetin we no hear
Wetin no deh mind
Don enter talk

Na smoke
As you blow am
Na oyibo scent
E don register

Mango For Road

We dey waka
Mango show
Who get mango?
We dey ask…

We see mango
Na who get am?
We dey ask
We dey waka…

Dis mango
For centre of road
We bone
God dey…

Pluck your own
Chop your own
Waka your own
God no go vex.

We Dey Work

We dey work
Dem dey scarter

Dem dey scarter
We dey repair

We dey try togeda
Dem dey plan to scarter

Dem dey plan
We dey sokpa

Dem dey arrange
We dey tear eye

Akwete Na Dance

Akwete na dance
Wey pass dance

Na old school
Wey get many leg

No be only dance
Na correct dance

Everybody don dance am
Everybody dey dance am

Na im be life[1]
No be just life

Akwete na dance
Wey pass dance

If you don dance Akwete
You don dance Akwete

Better Pikin

Pikin na pikin:
Pikin dey get pikin
Na pikin

Pikin dey sweet;
E get wahala
Na pikin

Pikin yeye
E better,
Na pikin

Pikin pass pikin:
E get horn,
E cross[1] papa

Pikin pass pikin
E get oil,
Pikin pass all

Your pikin, my pikin,
Better pikin,
Na for all

Think Am Again

You dey think
Swallow spit
Think

You dey think
For think
Gather ground

You dey think
Inside think
Scarter sleep

You don think
Enter sleep
Swallow think

Experience Slap Age

Man no waka
E see, e hear
E dey experience

Man waka
E see, e hear
Na experience

Experience deh here
E dey yonda
E pass here

Christmas dehthere
Age dey climb
Experience dey experience

Christmas don sawa
No be im be experience
Experience get im level

Downstream to downstream
Downstream and downstream
All na downstream

Downstream to upstream
Upstream and downstream
All na stream experience

Okrika Na Disease

You go start okrika[1]
E enter you
You enter am
Now na tug-of-war

You feel okrika
Book gwanjo[2]
Blend with Tokunbo[3]
Swell with Belgium[4]
All na bend-down[5]

You sey things get as e be
Sey na di only way
Na so we see am
We sabi as e be

Level dey waka
Level don change
Eye do tear
Okrika dey hold ground

Dem come with legediz[6]
Some come with Homma[7]
Bend-down dey shuffle[8]
Dey blend dey close eye

Okrika don hold ground
Gather grade
Enter everywhere
Enter pipul body

We dey roll back malaria
We dey fire sickle cell
Pursue HIV and AIDS
Okrika no shake

Okrika don spread
Nothing like big-man
Women dey gorget demsef
Okrika no gree

Okrika na disease
Roll all back like malaria
Pursue am like AIDS
Fire Tokunbo, Gwanjo,
Demolish Belgium
okrika no bi fo os.
  Okrika no be by force.

---

you go start okrika[1]: you started buying second handed clothes
you feel okrika[2]:you begin to like second handed clothes
blend with Tokunbo[3]: you romanticize with second handed clothes
swell with Belgium[4]: you feel fulfilled/happy wearing second
handed clothes
all na bend-down[5]: all are second handed clothes
dem come with legediz[6]: some trek down to buy second handed
clothes
some come with Homma[7]: some drive down in very expensive
cars
bend-down dey shuffle[8]: they bend down to make or select a
choice of second handed clothes

Give Me Kpekere

For plenty name
For plenty design
For many kind place
I get plantain
Just as you want am

For plenty name
I get plantain
Komot di back
Lay am for fire
Na correct bole

I get plantain
Wen e ripe
E dey swim for oil
You go like am
Na dodo

Na di same ogede
Wen e dry like paper
Na kpekere
Dem call am chips
Na packaging

Abeg give me kpekere

Banza

Wear your colour?
Show yourcolour
Get yourcolour

Your colour
Na yourcolour
Be yourcolour

Without yourcolo
Na banza[1]
You be banza[2]

Where dia coloou?
Notin we see
We don tire for banza.

Small tok/talk

________________________ ________________________________
Na banza[1]: it's useless, worthless
You be banza[2]: you are useless, not worthy of anything

Eat And Go

Nothinggo happen
If e no go

Something happen
Because e wan

If nothinghappen
Nothing wan

Na so e be
Na so e happen

Like play, like joke[1]
Something don happen

Like joke, like play[2]
Na eat and go.

Small tok/talk

Like play, like joke[1]: like a joke
Like joke, like play[2]: like a joke

My Passport

Welcome for my korokoro[1]
My own no be wahala[2]
Do as you fit do
All di one you fit do
See as your eye carry
All wey youreye fit carry
Your bodi go phone you
Your mouth na im get all

NEPA full for up
E dey go up and down
But im leg no touch down
Up and down dey for darkness
Generator dey pour like rain

E don tey dem dey fall our hand[3]
No be today dem dey fall our hand
We dey hear megawatz and megajazz
Na old music wey no gree die
We don tire to hear old school
Dem dey play am like sey
We never hear am before

I go try for myself
Give me i-pass-my-neighbour[4]
Na where my power reach
E go carry my own music
I go choose my own music

I taya for dia music
Mek dem buy generator house
Mek dem do as dem like
I-pass-my-neighbour na my passport

Na osusu give me passport[5]
To holdmy own
Wey dey take me round
From my house to obodo-oyibo
I done bone dem and dia wahala
Wey put darkness for everywhere
throway light for river Niger

I don see plenty
My ear don full
I just yan with Obama
Wetin be my own?
My passport no dey fail me

Smol tok/talk

---

1. area of residence, world
2. problem
3. cause disappointment
4. a mini power generator (usually with a capacity of less than
    1kva) capable of powering a small house, office or shop
5. a traditional trift system of daily contributions

Red Light Na Another

Dem san-san berekete
For road, for all di place
Where blue and red light
Dey show like thief-man torch
Prepare ground for dem
To yan oyoyo for all[1]
Laff by-forcefor all[2]

Dis place!
Where we do like sey we be JJC[3]
Dem dey roll like sey na today
Action dey show who be who
For inside red and blue light
Where by-force laff dey flow
Because pepper dey flow[4]

Wetin carry us come
For dis yeye place
Where osho-free na picture[5]
Wey dey look us, dey shake us
Dey mek us like melt-down
And we no fit komot eye
And e no get head, e no get tail

Wetin bring man come
Where blue and red light dey fight?
Dog leg dey work
Our name na kolo[6]
Don-be-silly dey fly
Be careful don enta matter
Level don enta matter
All of us na yeye

---

to yan oyoyo for all[1]: to welcome everyone
laff by-forcefor all[2]: smile at all cost
where we do like sey we be JJC[3]: where we acted like we were newcomers
because pepper dey flow[4]:because money was exchanging hands
where osho-free na picture[5]: freedom to watch ladies/free for all
our name na kolo[6]: *we were more of less crazy*

My Mama Soup

From outside gate
I hear di soup
Like my mama soup
For before-before[1]

Na who get dis soup
Wey dey hit me
Like sey na inside
And na for outside?

My mama soup don
Enta my head
For our level
Wey we think sey
No be level.

My mama soup
Wey e gather
From backyard garding
Get proper level
Sweet pass
Di text book own.

---

for before-before[1]: in those days

Dis Weding Ring

Dis wedding ring
wey dem force for my hand
wey my hand no fit carry
I just dey force mysef
For dis wedding ring

Dis wedding ring
For where e pass come
For my hand wey dey vex
For ring wey no get oil
I just dey force mysef

Dis wedding ring
Wey tie me down for
Dis place wey no be placc
Where I dey look ayanyan[1]
For inside ogbolo[2]

Dis wedding ring
No be my toro[3]
Whether or weda[4]
No be my toro
Marrraige no be by-force

---

where I dey look ayanyan[1]: where I was looking askance
for inside ogbolo[2]: in some trouble
no be my toro[3]: not bothered
whether or whether[4]: in whatever circumstance

Naija Journey

My belle dey fight riot
E dey carry me up and down
Up and down like sey
Up don enta inside down
Like sey I be railway

My belle don see wen-eh[1]
E dey jam as im like
For all di inside
E dey jam here, jam there
Like sey heaven wan fall

My head don dey kolo
Ajasko dey dance for my body[2]
I don dey see two-two[3]
Green for red, red for blue
Like sey I be JJC

My pipul no fit hold am
Eli-momo no hold wota[4]
We dey drag with road
Sharp-sharp no dey dia dictionary[5]
My bag wan burst[6]
Night don cover us

My pipul dey pay wota rate[7]
For inside as dem like
For difren-difren kokonlo[8]
Kom mek us dey get hope
For di matter wey dey ground

My journey no get part two
Wetin time be sef?
Like sey Ibadan dey our eye
Wetin time dey yan?
Nine o clock for night

My eye see road wey no be am
My mouth no fit close
We dey dance kpangolo[9] for
Road wey don jagajaga[10]
Like sey na road get us

Like sey na lofe[11]
Wetin dey happen?

Me sef!
"If to sey na flight"
"I beg mek we hear word"
"Wetin bring flight matter for road?"
"You no see am before you come?"

My husband don tire to wait
My battery don kpafuka[12]
Wetin agogo dey knack?[13]
Oga na where we dey now?
E be like sey na ibadan.

Whao!
"Na wen we go reach Lagos?"
My belle don reason with me
E don see pepper, but where pepper
To carry load for night?[14]

Ibadan to Lagos na kia-kia[15]
"How you go waka am?"
"Madam I go show you"
"We go land now-now"
"Na small matter remain"

Ah!
Your small matter no dey finish?
Who sey Lagos na kia-kia?
See me see wahala, see pikin
See load for dis thick night
Today na today, na helele

Ojota! Ojota!! Ojota!!!
Na Lagos be dis?
Dem no dey sleep for night?
See kpekere see gala
Dey shout for market

Light matter for here too?
Na everywhere o!
What of River Niger?
Dat wan no dey dictionary
Na Megawazt an megajazz
Kom, no forget your load! Dis na Lagos o!
Thank you jare!

Na dis govament matter
See your pikin, hold am well o
Your load stey well so?
My broda thank you jare.

Madam bye-bye!

Smol tok/talk

My belle don see wen-eh[1]: I have had it tough with hunger
Ajasko dey dance for my body[2]: my entire body is in trouble
I don dey see two-two[3]: I am completely dazed
Eli-momo no hold wota[4]: early mornings does not matter
Sharp-sharp no dey dia dictionary[5]: whatever is done in a hurry doesn't count
My bag wan burst[6]: my bladder is filled up
My pipul dey pay wota rate[7]: many were urinating
For difren-difren kokonlo[8]: in different containers
We dey dance kpangolo[9]: we were dancing the 'kpangolo' dance
Road wey don jagajaga[10]: road that had gone terribly bad
Like sey na lofe[11]:like a very fast-moving car
My battery don kpafuka[12]: my battery is down
Wetin agogo dey nack?[13]: what's the time?
To carry load for night?[14]: to carry load at night
Ibadan to Lagos na kia-kia[15]: distance between Ibadan to Lagos isn't time consuming